Zwergenstübchen

# Weihnachtsbäckerei

Bei den Zwergen beginnt jedes Jahr im November die Weihnachtsbäckerei. Zuerst verwandeln die Zwerge ihre Küche in eine Weihnachts-Backstube. Danach setzen sie sich zusammen, wählen ihre Weihnachts-Backrezepte aus und schreiben die Einkaufsliste. Anschließend gehen die Zwerge zur Mühle, zum Hühnerhof und Kaufladen um sich alle Backzutaten zu besorgen. Wieder zu Hause angekommen machen sie sich ans Werk - es werden Teige geknetet, Plätzchen ausgestochen und schon bald schieben sie die ersten Backbleche in den Ofen. Ganz wunderbar duftet es nun in der Küche nach feinen Plätzchen und allerlei Gewürzen.

Freuen Sie sich nun liebe Leser auf die köstlichen Plätzchen- und Weihnachtskuchen-Rezepte aus der Zwergenstübchen Weihnachts-Backstube.

Eine schöne Adventszeit und Fröhliche Weihnachten

wünscht die ganze Zwergenschar.

Elke und Timo Schuster

# Die Zwerge backen Weihnachtsplätzchen

## Süße Zwergen-Brezeln

375 g Mehl, 50 g Zucker, 1 Päckchen Vanillezucker, 1/2 Becher Crème fraîche, 250 g Butter zu einem glatten Teig verarbeiten. Nach dem Kaltstellen den Teig auf einer bemehlten Arbeitsfläche ca. 1/2 cm dick auswellen und mit einem Förmchen Brezeln ausstechen. Die Oberfläche der Brezeln mit süßer Sahne bestreichen, Hagelzucker darüber streuen, anschließend auf ein mit Back-Trennpapier ausgelegtes Backblech geben. Im vorgeheizten Backofen bei 200 Grad ca. 15 Minuten backen.

# ZWERGENSTÜBCHENS WEIHNACHTSBÄCKEREI

**Früchte-Spießchen**

Zutaten:
Verschiedene Früchte
z.B. Äpfel, Birnen,
Bananen, Mandarinen
etwas Zitronensaft
Holzspießchen

Zubereitung:
Die Früchte z.B. Äpfel, Birnen in Stückchen, Bananen in Scheiben schneiden, mit Zitronensaft beträufeln und abwechselnd auf Holzspießchen stecken.

**Quark-Dip**

Zutaten:
250 g Quark
150 g Naturjogurt
1/2 Becher süße Sahne
3 Esslöffel Zucker
1 Päckchen Vanillezucker

Zubereitung:
Alle Zutaten verrühren. Den Quark-Dip gut gekühlt zu den Früchte-Spießchen servieren.

**Festtags-Gugelhupf**

Zutaten:
250 g Butter
200 g Zucker
6 Eigelb
100 g Mehl
3/4 Päckchen Backpulver
50 g feine Haferflocken
200 g gemahlene Haselnüsse
150 g Schokolade
100 ml Milch
6 Eiweiß

Zubereitung:
Butter schaumig schlagen. Abwechselnd Zucker, Eigelb zufügen, cremig rühren. Nach und nach das mit Backpulver vermischte Mehl, die Haferflocken, Haselnüsse, im Wasserbad geschmolzene, leicht abgekühlte Schokolade und Milch einrühren. Zum Schluss das steifgeschlagene Eiweiß unterziehen. Den Teig in eine gefettete, mit Semmelbrösel ausgestreute Gugelhupfform füllen. Im vorgeheizten Backofen bei 175 Grad ca. 1 Stunde backen. Nach dem Auskühlen Puderzucker über den Festtags-Gugelhupf stäuben, Früchte-Spießchen und Quark-Dip dazu reichen.

## NUSS-GEBÄCK

Zutaten:

250 g Butter

250 g Zucker

6 Eier

250 g gemahlene Haselnüsse

250 g geriebene Schokolade

1/2 Teelöffel Zimt

75 g Mehl

25 g Speisestärke

1 Messerspitze Backpulver

Zubereitung:
Butter schaumig schlagen. Abwechselnd Zucker und Eier dazugeben, gut rühren. Danach Haselnüsse, Schokolade, Zimt sowie das mit Speisestärke und Backpulver vermischte Mehl unterrühren. Den Teig auf ein mit Back-Trennpapier ausgelegtes Backblech streichen (ca. 2 cm dick). Im vorgeheizten Backofen bei 180 Grad etwa 15 Minuten backen, anschließend in Quadrate schneiden. Nach dem Auskühlen Puderzucker über das Nuss-Gebäck stäuben.

# MANDELPLÄTZCHEN

Zutaten:
375 g Mehl
200 g Zucker
1/2 Päckchen Vanillezucker
1/2 Teelöffel Zimt
1 Messerspitze Nelken
125 g gemahlene Mandeln
1 Ei
250 g Butter

1 Eigelb
Hagelzucker

Ausstecherförmchen

Zubereitung:
Die Zutaten zu einem Mürbteig verarbeiten. Nach dem Kaltstellen den Teig auf einer bemehlten Arbeitsfläche nicht zu dick auswellen und Plätzchen ausstechen. Diese auf ein mit Back-Trennpapier ausgelegtes Backblech geben, etwa 8 Stunden ruhen lassen. Anschließend alle Plätzchen mit etwas Wasser verquirltem Eigelb bestreichen, Hagelzucker darüber streuen und im vorgeheizten Backofen bei 180 Grad ca. 15 Minuten backen.

## MARMELADEGEBÄCK

Zutaten:
250 g Mehl
150 g Zucker
1 Teelöffel Zimt
60 g gemahlene Mandeln
2 Eier
150 g Butter

Marmelade
1 Eigelb

runde Ausstecherform
ca. 5 cm Ø

Zubereitung:
Die Zutaten zu einem Mürbteig verarbeiten, 3 Stunden kaltstellen. Danach den Teig auf einer bemehlten Arbeitsfläche etwa 1/2 cm dick auswellen.

Nun runde Plätzchen ausstechen, in die Mitte jeweils etwas Marmelade geben, anschließend jedes zu einem Halbkreis zusammen klappen, die Ränder gut andrücken. Alle Plätzchen mit etwas Wasser verquirltem Eigelb bestreichen. Im vorgeheizten Backofen bei 200 Grad ca. 10 Minuten backen.

## KIRSCHKUGELN

Zutaten:
250 g Mehl
1 Messerspitze Backpulver
100 g Zucker
1 Päckchen Vanillezucker
1 Ei
125 g Butter

1 Glas Kirschen
etwas Puderzucker
und Zimt

Zubereitung:
Zuerst den Mürbteig zubereiten, diesen 2 Stunden kaltstellen. Anschließend den Teig auf einer bemehlten Arbeitsfläche ca. 1/2 cm dick auswellen. Nun etwa 7 cm große Quadrate aus der Teigplatte schneiden, jeweils eine gut abgetropfte Kirsche in die Mitte legen, den Teig darüber ziehen und zu einer Kugel formen. Alle Kirschkugeln auf ein mit Back-Trennpapier ausgelegtes Backblech geben. Im vorgeheizten Backofen bei 200 Grad ca. 15 Minuten backen, danach vom Blech nehmen und in dem mit Zimt vermischten, gesiebten Puderzucker wälzen.

## Orangenplätzchen

Zutaten:
250 g Mehl, 100 g Zucker,
2 Esslöffel Orangensaft, 150 g Butter,
125 g Puderzucker, 3 Esslöffel Orangensaft,
Ausstecherförmchen

Zubereitung:
Mehl, Zucker, Orangensaft, Butter zu einem Mürbteig verarbeiten, kaltstellen. Danach den Teig auf einer bemehlten Arbeitsfläche nicht zu dick auswellen und Plätzchen ausstechen. Diese auf ein mit Back-Trennpapier ausgelegtes Backblech geben. Im vorgeheizten Backofen bei 200 Grad ca. 10 Minuten backen. Puderzucker mit Orangensaft glatt rühren und die Glasur über die noch heißen Plätzchen streichen.

## KOKOS-NUSS-MAKRONEN

Zutaten:

4 Eiweiß
200 g Zucker
125 g Rosinen
400 g gehackte Mandeln
150 g gehackte Haselnüsse
100 g Kokosraspel
4 Feigen

Zubereitung:

Eiweiß steif schlagen, löffelweise den Zucker zufügen, gut mitrühren. Anschließend Rosinen, Mandeln, Haselnüsse, Kokosraspel und die in kleine Streifen geschnittenen Feigen untermengen. Danach Teighäufchen auf ein mit Back-Trennpapier ausgelegtes Backblech setzen. Im vorgeheizten Backofen bei 180 Grad ca. 15 Minuten backen.

# APFEL-MARMELADE-KUCHEN

Zutaten:

Teig:

250 g Mehl
1 Messerspitze Backpulver
130 g Zucker
1 Esslöffel Kakao
1 Ei
150 g Butter

Belag:

1 Ei
75 g Zucker
1 Teelöffel Zimt
150 g gemahlene Haselnüsse
6 Äpfel
etwas Zitronensaft
5 Esslöffel Apfelgelee

Zubereitung:

Teigzutaten zu einem Mürbteig verarbeiten, kaltstellen. Für den Belag Ei, Zucker, Zimt schaumig schlagen, die Haselnüsse einrühren sowie einen geschälten, geriebenen Apfel untermischen.

Den auf einer bemehlten Arbeitsfläche ausgewellten Teig in eine gefettete Kuchenform geben, die Nussmasse gleichmäßig darüber verteilen. Restliche Äpfel schälen, vierteln, Kerngehäuse entfernen, mit Zitronensaft beträufeln und auf die Nussmasse legen. Apfelgelee erwärmen, die Hälfte davon über die geviertelten Äpfel streichen. Im vorgeheizten Backofen bei 200 Grad 20 Minuten backen. Die Äpfel nochmals mit Gelee bestreichen, in weiteren 25 Minuten fertig backen. Nach dem Auskühlen Puderzucker über den Apfel-Marmelade-Kuchen stäuben.

# FEINES SPRITZGEBÄCK

Zutaten:
180 g Butter
150 g Zucker
1 Päckchen Vanillezucker
1 Ei
200 g Mehl
1 Messerspitze Backpulver
125 g gemahlene Mandeln
2 Esslöffel Kakao
1/2 Teelöffel Zimt

Zubereitung:
Butter schaumig schlagen. Nach und nach Zucker, Vanillezucker, Ei zufügen, cremig rühren. Löffelweise das mit Backpulver vermischte Mehl, Mandeln, Kakao und Zimt einrühren. Den Teig ca. 1 1/2 Stunden kaltstellen. Anschließend auf ein mit Back-Trennpapier ausgelegtes Backblech Stäbchen spritzen.

Im vorgeheizten Backofen bei 200 Grad ca. 10 Minuten backen. In der Zwergenstübchen-Weihnachtsbäckerei wird das Spritzgebäck entweder in geschmolzene Kuvertüre getaucht oder etwas Puderzucker darüber gestäubt.

# HAFERFLÖCKCHEN

Zutaten:

100 g Mehl

1/2 Päckchen Backpulver

150 g Zucker

1 Päckchen Vanillezucker

100 g Haferflocken

100 g gemahlene Mandeln

1 Ei

50 ml Milch

125 g Butter

Zubereitung:

Alle Zutaten zu einem glatten Teig kneten, ca. 1/2 Stunde kaltstellen. Danach Teighäufchen auf ein mit Back-Trennpapier ausgelegtes Backblech spritzen. Im vorgeheizten Backofen bei 200 Grad etwa 10 Minuten backen. Anschließend die Haferflöckchen nach Belieben mit der im Wasserbad geschmolzenen Kuvertüre verzieren.

# NUSS-KNUSPERCHEN

Zutaten:
100 g Butter
200 g Zucker
2 Eier
100 g Mehl
50 g Speisestärke
1 Messerspitze Backpulver
1 Teelöffel Zimt
200 g gemahlene Mandeln

1 Eigelb
1 Esslöffel Sahne
50 g gehackte Mandeln
50 g Zucker

Zubereitung:
Butter schaumig schlagen. Abwechselnd Zucker sowie Eier zufügen, cremig rühren. Nacheinander Mehl, Speisestärke, Backpulver, Zimt und Mandeln einrühren.

Nun den Teig auf einem mit Back-Trennpapier ausgelegtem Backblech gleichmäßig verteilen. Eigelb, Sahne verquirlen, die Teigplatte damit bestreichen und das Mandel-Zucker-Gemisch darüber streuen. Im vorgeheizten Backofen bei 200 Grad ca. 15 Minuten backen, danach in beliebige Stücke schneiden z.B. Streifen, Rauten, Rechtecke.

# KOKOS-SCHNITTEN

Zutaten:
250 g Mehl
80 g Zucker
1 Päckchen Vanillezucker
1 Ei
150 g Butter
etwas Marmelade
100 g Butter
100 g Zucker
1 Päckchen Vanillezucker
4 Esslöffel Wasser
200 g Kokosraspel

Zubereitung:
Mehl, Zucker, Vanillezucker, Ei, Butter zu einem Mürbteig verarbeiten, kaltstellen. Danach den Teig auf einer bemehlten Arbeitsfläche ca. 1/2 cm dick rechteckig auswellen und auf ein mit Back-Trennpapier ausgelegtes Backblech geben.

Die zuvor leicht erwärmte Marmelade darüber streichen. Butter schmelzen lassen, Zucker, Vanillezucker, Wasser, Kokosraspel einrühren, etwas abgekühlt auf der Marmelade verteilen. Im vorgeheizten Backofen bei 180 Grad ca. 20 Minuten backen, nun in Rechtecke schneiden. Nach Belieben die Kokos-Schnitten mit geschmolzener Kuvertüre verzieren.

# LEBKUCHEN-PLÄTZCHEN

Zutaten:

Teig:

250 g Mehl
125 g Zucker
1 Teelöffel Zimt
1/2 Teelöffel Lebkuchengewürz
1 Ei
1 Esslöffel süße Sahne
125 g Butter
1 Eigelb
1 Esslöffel süße Sahne
gehackte Pistazien

Ausstecherförmchen

Zubereitung:

Alle Zutaten zu einem glatten Teig kneten, ca. 1/2 Stunde kaltstellen. Nun den Teig auf einer bemehlten Arbeitsfläche nicht zu dick auswellen und Plätzchen ausstechen. Diese auf ein mit Back-Trennpapier ausgelegtes Backblech geben. Eigelb und Sahne verquirlen, die Plätzchen damit bestreichen, danach Pistazien darüber streuen. Im vorgeheizten Backofen bei 200 Grad ca. 10 Minuten backen.

# ZWERGENSTÜBCHENS ADVENTS-QUICHE

Zutaten:
250 g Mehl
100 g Zucker
1 Päckchen Vanillezucker
1 Ei
2 Esslöffel Wasser
125 g Butter
750 g Äpfel
etwas Zucker
und Zimt
etwas Milch

Zubereitung:
Mehl, Zucker, Vanillezucker, Ei, Wasser, Butter zu einem Mürbteig verarbeiten, kaltstellen. Nun Äpfel schälen, Kerngehäuse entfernen und in dünne Scheiben schneiden. Die Hälfte des Teiges auf einer bemehlten Arbeitsfläche auswellen, danach in eine gefettete Quicheform legen.

Alle Apfelscheiben gleichmäßig darauf verteilen, mit Zucker und Zimt bestreuen. Über die Apfelschicht den restlichen, ausgewellten Teig geben, diesen am Rand fest andrücken.

Vor dem Backen in die Mitte der Teigplatte ein kleines Loch schneiden. Anschließend die Teigoberfläche mit Milch bestreichen und Zucker darüber streuen.

Im vorgeheizten Backofen bei 200 Grad etwa 40 Minuten backen. Die Advents-Quiche ausgekühlt mit Puderzucker bestäuben.

## ZIMTGEBÄCK

Zutaten:
2 Eier
2 Eigelb
250 g Zucker
200 g Mehl
50 g Speisestärke
2 Teelöffel Zimt

Zubereitung:
Eier und Eigelb schaumig schlagen, löffelweise Zucker dazugeben, cremig rühren. Danach das mit Speisestärke und Zimt vermischte Mehl unterrühren. Nun Teighäufchen auf ein mit Back-Trennpapier ausgelegtes Backblech nicht zu dicht setzen. Im vorgeheizten Backofen bei 210 Grad ca. 15 Minuten backen.

# Feine Zwergenplätzchen

## Zutaten:

125 g Haferflocken, 250 g Mehl, 1/2 Päckchen Backpulver, 200 g kleingeschnittene Butter, 250 g Zucker, 1 Päckchen Vanillezucker, 150 g Kokosraspel, 3 Esslöffel Kakao, 2 Eier, 3 Esslöffel Sahne

## Zubereitung:

Haferflocken in etwas Butter leicht anrösten. Diese abgekühlt mit Mehl und Backpulver vermischen. Die restlichen Zutaten dazugeben, alles zu einem glatten Teig verarbeiten. Danach Teighäufchen auf ein mit Back-Trennpapier ausgelegtes Backblech nicht zu dicht setzen. Im vorgeheizten Backofen bei 200 Grad ca. 20 Minuten backen.

# WINTERBROT DER ZWERGE

Zutaten:
- 750 g Äpfel
- 150 g Zucker
- 100 g Rosinen
- 400 g Mehl
- 1 1/2 Päckchen Backpulver
- 125 g grob gehackte Haselnüsse
- 1 Esslöffel Kakao
- 1/2 Teelöffel Zimt
- 1 Messerspitze Nelken
- 1/2 Päckchen Lebkuchengewürz

Zubereitung:
Äpfel schälen, Kerngehäuse entfernen und grob raspeln. Zucker sowie Rosinen untermischen, gut durchziehen lassen. Nun Mehl, Backpulver, Haselnüsse, Kakao, Gewürze vermengen, Äpfel dazugeben, alles zu einem glatten Teig kneten. Diesen in eine gefettete Kastenform füllen und im vorgeheizten Backofen bei 180 Grad ca. 1 Stunde backen. Nach dem Auskühlen Puderzucker über das Winterbrot stäuben.

# EIN TEIG FÜR ZWEI PLÄTZCHEN-REZEPTE

**Teigrezept**

Zutaten:
500 g Mehl
200 g Zucker
2 Päckchen Vanillezucker
4 Eigelb
3 Esslöffel Crème fraîche
250 g Butter

Zubereitung:
Alle Teigzutaten zu einem glatten Teig kneten, kaltstellen. Anschließend diesen wie in den beiden Rezepten angegeben weiter verarbeiten.

**Kuvertüre-Stäbchen**

Zubereitung:
Aus der Hälfte des Teiges Stäbchen auf ein mit Back-Trennpapier ausgelegtes Backblech spritzen. Im vorgeheizten Backofen bei 200 Grad ca. 10 Minuten backen. Nun die Stäbchen in geschmolzene Kuvertüre tauchen.

**Marmelade-Kugeln**

Zubereitung:
Aus der anderen Hälfte des Teiges kleine Kugeln formen. Diese auf ein mit Back-Trennpapier ausgelegtes Backblech setzen. Nun in jede Kugel mit dem Kochlöffelstiel eine Vertiefung drücken und etwas Gelee hinein füllen. Im vorgeheizten Backofen bei 200 Grad ca. 15 Minuten backen.

# ADVENTS-KUCHEN

Zutaten:

6 Eier
250 g Zucker
200 g Mehl
50 g Speisestärke
1/2 Päckchen Backpulver
2 Esslöffel Kakao
1 Teelöffel Zimt
1 1/2 Teelöffel Lebkuchengewürz
1/2 Becher Jogurt
150 g zerlassene Butter

Zubereitung:

Eier schaumig schlagen, löffelweise Zucker zufügen, cremig rühren. Mehl, Speisestärke, Backpulver, Kakao, Gewürze über die Eiercreme sieben, alles gut verrühren. Jogurt sowie die zerlassene, abgekühlte Butter unterziehen.

Nun den Teig in eine gefettete mit Semmelbrösel ausgestreute Kranzform füllen. Im vorgeheizten Backofen bei 175 Grad ca. 55 Minuten backen. Nach dem Auskühlen Puderzucker über den Advents-Kuchen stäuben.

# INGWER-WEIHNACHTSPLÄTZCHEN

**Ingwer-Schoko-Gebäck**

Zutaten:
200 g Mehl
50 g Speisestärke
1 Teelöffel Backpulver
120 g Zucker
1 Päckchen Vanillezucker
1 Teelöffel Ingwer
1 Ei
120 g Butter

Ausstecherförmchen

Zubereitung:
Alle Zutaten zu einem glatten Teig kneten, ca. 3 Stunden kaltstellen. Nun den Teig auf einer bemehlten Arbeitsfläche nicht zu dick auswellen und Plätzchen ausstechen. Diese auf ein mit Back-Trennpapier ausgelegtes Backblech geben. Im vorgeheizten Backofen bei 180 Grad etwa 15 Minuten backen. Die Plätzchen mit der im Wasserbad geschmolzenen Kuvertüre verzieren.

**Ingwer-Schoko-Schnitten**

Zutaten:
125 g Butter
200 g Zucker
1 Päckchen Vanillezucker
4 Eier
250 g Mehl
1 Teelöffel Backpulver
1/2 Päckchen Ingwer
200 g Schokoraspel

Zubereitung:
Butter schaumig schlagen. Abwechselnd Zucker, Vanillezucker, Eier zufügen, cremig rühren. Löffelweise das mit Backpulver, Ingwer vermischte Mehl einrühren und Schokoraspel untermengen. Den Teig auf ein mit Back-Trennpapier ausgelegtes Backblech streichen. Im vorgeheizten Backofen bei 180 Grad ca. 20 Minuten backen. Danach in Quadrate schneiden, mit geschmolzener Kuvertüre bestreichen.

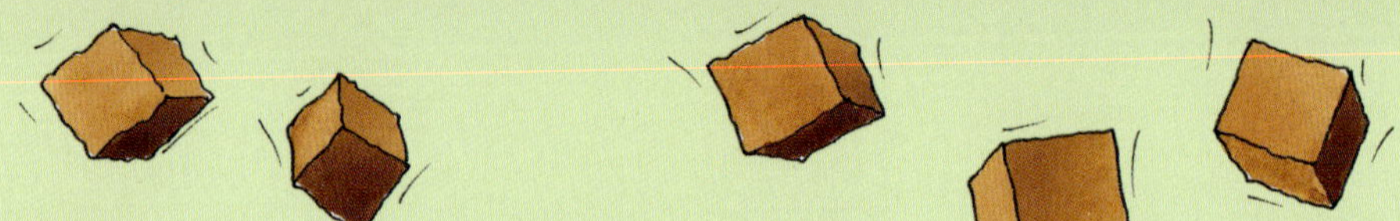

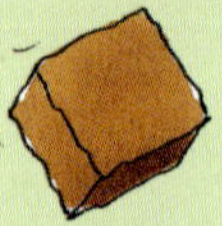

# Schokoladen-Würfel

Zutaten:

300 g Butter, 250 g Zucker, 6 Eigelb, 300 g Schokolade, 100 g Mehl, 50 g Speisestärke, 1 Messerspitze Backpulver, 150 g gemahlene Mandeln, 6 Eiweiß

Zubereitung:

Butter schaumig schlagen. Abwechselnd Zucker, Eigelb zufügen, cremig rühren. Danach die im Wasserbad geschmolzene, leicht abgekühlte Schokolade sowie löffelweise das mit Speisestärke, Backpulver und Mandeln vermischte Mehl einrühren, steifgeschlagenes Eiweiß unterziehen. Den Teig auf ein mit Back-Trennpapier ausgelegtes Backblech streichen. Im vorgeheizten Backofen bei 170 Grad ca. 30 Minuten backen, auf einem Kuchengitter auskühlen lassen und in kleine Würfel schneiden.

## MARZIPAN-SCHNITTEN

Zutaten:
220 g Mehl
1/2 Teelöffel Backpulver
60 g Zucker
1 Eigelb
150 g Butter
6 Esslöffel Gelee
200 g Marzipan-Rohmasse
1 Eigelb
1 Esslöffel süße Sahne

Zubereitung:
Aus Mehl, Backpulver, Zucker, Eigelb, Butter einen Mürbteig zubereiten, kaltstellen. Jeweils die Hälfte des Teiges auf einer bemehlten Arbeitsfläche rechteckig auswellen. Beide Teigplatten mit Gelee bestreichen, den zwischen Frischhalte-Folie ausgewellten Marzipan darauf legen und von der Längsseite her aufrollen. Eigelb, Sahne verquirlen, die Rollen damit bestreichen. Diese auf ein mit Back-Trennpapier ausgelegtes Backblech geben. Im vorgeheizten Backofen bei 175 Grad ca. 25 Minuten backen und leicht abgekühlt in Stücke schneiden.

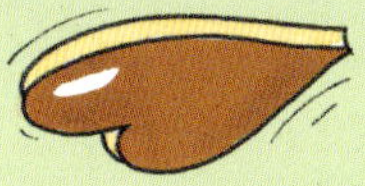

## ZUCKER-ZIMT-PLÄTZCHEN

Zutaten:
250 g Mehl
200 g Zucker
125 g gemahlene Haselnüsse
2 Eigelb
150 g Butter
2 Eigelb
2 Esslöffel süße Sahne
40 g Zucker
1 Teelöffel Zimt
200 g Kuvertüre

Ausstecherförmchen

Zubereitung:
Mehl, Zucker, Haselnüsse, Eigelb, Butter zu einem glatten Teig kneten, kaltstellen. Diesen auf einer bemehlten Arbeitsfläche auswellen, Plätzchen ausstechen. Eigelb, Sahne verquirlen, die Plätzchen damit bestreichen, das Zucker-Zimt-Gemisch darüber streuen und auf ein mit Back-Trennpapier ausgelegtes Backblech geben. Im vorgeheizten Backofen bei 180 Grad ca. 15 Minuten backen. Die Unterseite der ausgekühlten Plätzchen mit geschmolzener Kuvertüre bestreichen.

# NOUGAT-KEKSE

Zutaten:

Teig:

250 g Mehl
100 g Zucker
2 Päckchen Vanillezucker
1/2 Becher Crème fraîche
150 g Butter

Dekoration:

150 g Butter
250 g Nussnougat
1 Esslöffel Rosenwasser

runde Ausstecherform

Zubereitung:

Teigzutaten zu einem glatten Teig verarbeiten, ca. 2 Stunden kaltstellen. Danach den Teig auf einer bemehlten Arbeitsfläche auswellen, runde Plätzchen ausstechen und auf ein mit Back-Trennpapier ausgelegtes Backblech geben. Im vorgeheizten Backofen bei 180 Grad etwa 15 Minuten backen. Für den Belag Butter schaumig schlagen. Nach und nach das in Stückchen geschnittene Nougat sowie Rosenwasser einrühren. Anschließend die Creme in einen Spritzbeutel füllen und auf jedes erkaltete Plätzchen eine Rosette spritzen. Die Nougat-Kekse kaltstellen.

# MANDELECKEN

Zutaten:

Teig:

250 g Mehl
1 Messerspitze Backpulver
100 g Zucker
1 Päckchen Vanillezucker
1 Ei
125 g Butter

Belag:

180 g Butter
200 g Zucker
50 g Honig
2 Esslöffel süße Sahne
1/2 Teelöffel Zimt
200 g gemahlene Mandeln

Zubereitung:

Teigzutaten zu einem Mürbteig verarbeiten. Nach dem Kaltstellen den Teig auf einer bemehlten Arbeitsfläche rechteckig auswellen, anschließend auf ein mit Back-Trennpapier ausgelegtes Backblech geben und im vorgeheizten Backofen bei 175 Grad ca. 15 Minuten vorbacken.

Währenddessen den Belag zubereiten. Die Butter schmelzen, nacheinander Zucker, Honig, Sahne, Zimt, Mandeln einrühren. Das Mandel-Gemisch auf die vorgebackene Teigplatte streichen, in etwa 10 Minuten fertig backen. Diese leicht ausgekühlt in Quadrate von ca. 6 cm, danach in Dreiecke schneiden und mit geschmolzener Kuvertüre verzieren.

# MANDELKUCHEN

Zutaten:

Teig:

250 g Mehl

1 Messerspitze Backpulver

100 g Zucker

1 Päckchen Vanillezucker

1 Ei

1 Esslöffel Crème fraîche

100 g Butter

Belag:

150 g Butter

50 g Puderzucker

3 Eigelb

2 Teelöffel Zimt

1 Messerspitze Nelken

3 Eiweiß

100 g Zucker

200 g gemahlene Mandeln

100 g gemahlener Zwieback

Zubereitung:

Die Teigzutaten zu einem Mürbteig verarbeiten, kaltstellen. Den Teig auf einer bemehlten Arbeitsfläche auswellen und in eine gefettete Springform legen. Im vorgeheizten Backofen bei 200 Grad 10 Minuten vorbacken. Für den Belag Butter schaumig schlagen. Abwechselnd Zucker, Eigelb, Gewürze zufügen, cremig rühren. Eiweiß steif schlagen, nach und nach Zucker einrieseln lassen, gut mitrühren. Etwa $^{1}/_{3}$ der Eischneemasse mit der Butter-Eigelbcreme vermischen. Restlichen Eischnee, Mandeln, Zwieback unterziehen, auf dem vorgebackenen Kuchenboden verteilen und in ca. 35 Minuten fertig backen.

## ZITRONENGEBÄCK

Zutaten:
2 Eiweiß
200 g Zucker
1 Zitrone
400 g gemahlene Mandeln

Zubereitung:
Eiweiß steif schlagen. Nach und nach Zucker, abgeriebene Zitronenschale sowie den Zitronensaft dazugeben, gut mitrühren. Nun die Mandeln untermischen und den Teig 1 Stunde kaltstellen. Anschließend Teighäufchen auf ein mit Back-Trennpapier ausgelegtes Backblech setzen. Im vorgeheizten Backofen bei 175 Grad ca. 20 Minuten backen. Das Gebäck mit Zitronenglasur verzieren.

# Kokoskugeln



Zutaten:

200 g weiße Kuvertüre, 50 g Kokosfett, 70 g Butter, 50 g Puderzucker, 1 Päckchen Vanillezucker, 1 Esslöffel süße Sahne, 2 Esslöffel Kakao, 200 g Kokosraspel

Zubereitung:

Kuvertüre, Kokosfett, Butter in einen Topf geben und bei schwacher Hitze unter Rühren schmelzen lassen. Nacheinander Puderzucker, Vanillezucker, Sahne, Kakao, Kokosraspel einrühren. Aus der abgekühlten Masse Kugeln formen und nach Belieben in Kokosraspel wälzen.

# DIE BESTEN FESTTAGS-KÄSEKUCHEN DER ZWERGE

**Käsekuchen I**

Zutaten:

Teig:
200 g Mehl
1 Messerspitze Backpulver
75 g Zucker
1 Päckchen Vanillezucker
1 Ei
100 g Butter

Belag:
5 Eigelb
150 g Zucker
1 Päckchen Vanillezucker
1 kg Schichtkäse
1 Becher süße Sahne
200 ml Milch
2 Esslöffel Mehl
1 Päckchen Vanille-puddingpulver
5 Eiweiß
100 g Zucker

Zubereitung:
Teigzutaten zu einem Mürbteig verarbeiten, kaltstellen. Für den Belag Eigelb, Zucker, Vanillezucker schaumig schlagen. Nacheinander Schichtkäse, Sahne, Milch, Mehl, Puddingpulver einrühren. Eiweiß steif schlagen, Zucker einrieseln lassen, gut mitrühren, anschließend unter die Quarkmasse ziehen. Den Teig auf einer bemehlten Arbeitsfläche auswellen, in eine gefettete Springform legen und die Quarkcreme gleichmäßig darauf verteilen. Im vorgeheizten Backofen bei 180 Grad ca. 1 1/4 Stunden backen. Der Käsekuchen sollte noch 10 Minuten im ausgeschalteten Backofen stehen bleiben. Danach auf ein Kuchengitter stürzen, Springformrand vorsichtig öffnen, nun Kuchenformboden entfernen, Springformrand wieder schließen und etwa 2 Stunden auskühlen lassen.

## Käsekuchen II

Zutaten:

Teig:

200 g Mehl
1 Messerspitze Backpulver
75 g Zucker
1 Päckchen Vanillezucker
2 Eigelb
2 Esslöffel Wasser
100 g Butter

Belag:

100 g Butter
200 g Zucker
7 Eigelb
1 kg Schichtkäse
2 Becher Schmand
3 Esslöffel Milch
3 Esslöffel Speisestärke
7 Eiweiß

Zubereitung:

Aus den Teigzutaten einen Mürbteig zubereiten, kaltstellen. Für den Belag Butter schaumig schlagen. Abwechselnd Zucker, Eigelb zufügen und cremig rühren. Nacheinander Schichtkäse, Schmand, Milch, Speisestärke einrühren sowie steifgeschlagenes Eiweiß unterziehen. Den Teig auf einer bemehlten Arbeitsfläche auswellen, in eine gefettete Springform legen. Die Quarkmasse gleichmäßig darauf verteilen. Im vorgeheizten Backofen bei 180 Grad ca. 1 1/4 Stunden backen. Der Käsekuchen sollte im ausgeschalteten Backofen 10 Minuten stehen bleiben, danach aus dem Ofen nehmen und zum Auskühlen noch etwa 2 Stunden in der Form lassen.

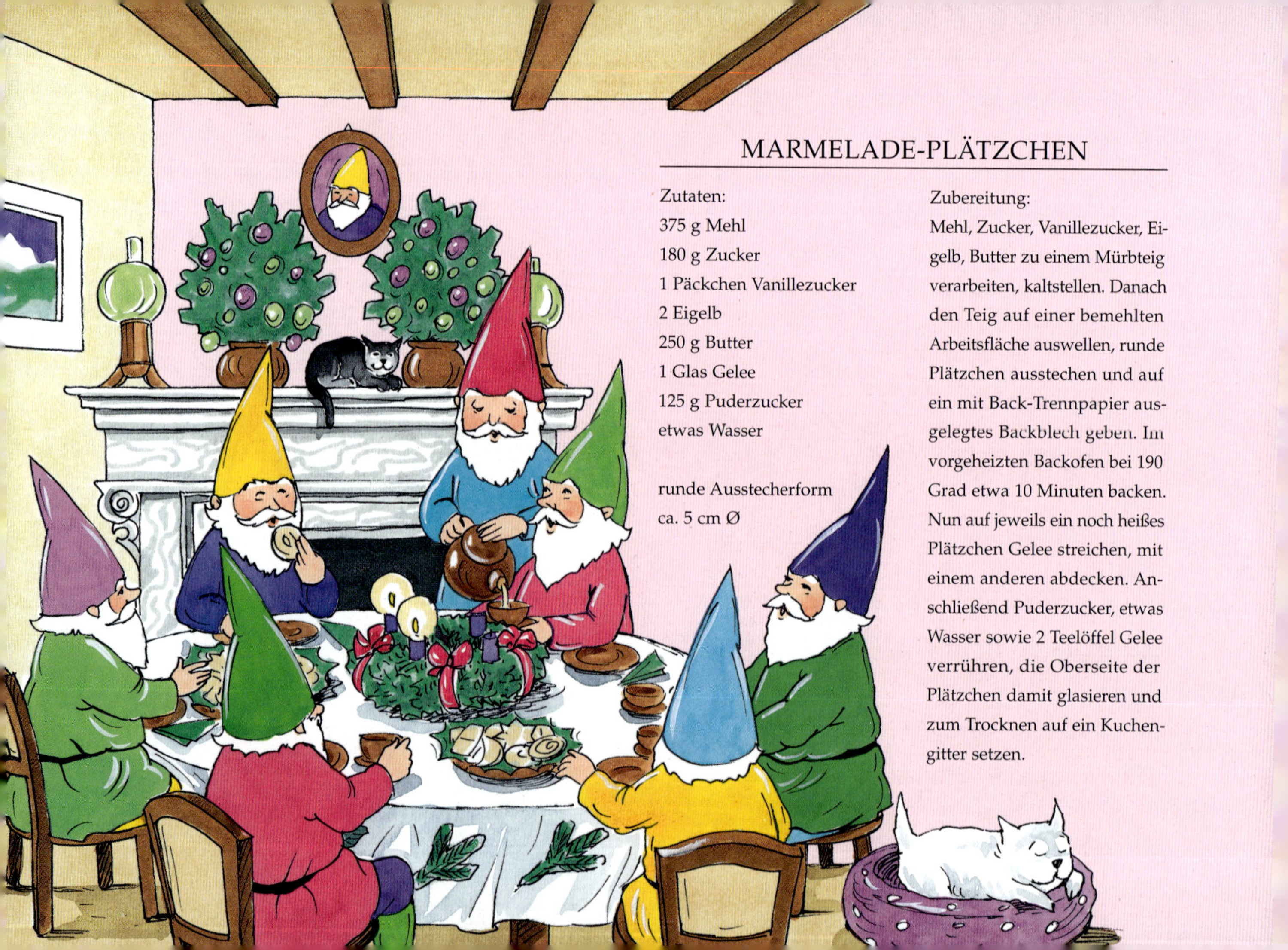

## MARMELADE-PLÄTZCHEN

Zutaten:

375 g Mehl
180 g Zucker
1 Päckchen Vanillezucker
2 Eigelb
250 g Butter
1 Glas Gelee
125 g Puderzucker
etwas Wasser

runde Ausstecherform
ca. 5 cm Ø

Zubereitung:

Mehl, Zucker, Vanillezucker, Eigelb, Butter zu einem Mürbteig verarbeiten, kaltstellen. Danach den Teig auf einer bemehlten Arbeitsfläche auswellen, runde Plätzchen ausstechen und auf ein mit Back-Trennpapier ausgelegtes Backblech geben. Im vorgeheizten Backofen bei 190 Grad etwa 10 Minuten backen. Nun auf jeweils ein noch heißes Plätzchen Gelee streichen, mit einem anderen abdecken. Anschließend Puderzucker, etwas Wasser sowie 2 Teelöffel Gelee verrühren, die Oberseite der Plätzchen damit glasieren und zum Trocknen auf ein Kuchengitter setzen.

# SCHOKO-MAKRÖNCHEN

Zutaten:

3 Eiweiß
etwas Zitronensaft
200 g Zucker
150 g gemahlene Haselnüsse
100 g geriebene Schokolade
1 Päckchen Vanillezucker
1 Esslöffel Kakao
1 Teelöffel Zimt

Zubereitung:

Eiweiß steif schlagen. Unter Rühren Zitronensaft zufügen sowie Zucker einrieseln lassen. Restliche Zutaten vermischen, löffelweise in den Eischnee einrühren. Nun Teighäufchen auf ein mit Back-Trennpapier ausgelegtes Backblech spritzen. Im vorgeheizten Backofen bei 160 Grad etwa 20 Minuten backen. Nach Belieben mit geschmolzener Kuvertüre verzieren.

# MANDELGEBÄCK

Zutaten:

125 g gemahlene Mandeln
1 Teelöffel Speisestärke
150 g Zucker
1 Päckchen Vanillezucker
1/2 Teelöffel Zimt
1 Eigelb
2 Eiweiß
gehobelte Mandeln

Zubereitung:

Mandeln, Speisestärke, Zucker, Vanillezucker, Zimt vermischen. Eigelb mit Eiweiß verquirlen, zu den Mandeln geben, gut verrühren. Nun Teighäufchen auf ein mit Back-Trennpapier ausgelegtes Backblech nicht zu dicht setzen. Über jedes Plätzchen gehobelte Mandeln streuen. Im vorgeheizten Backofen bei 170 Grad etwa 10 Minuten backen.

# Grießplätzchen

3 Eiweiß zu steifem Schnee schlagen.

Unter Rühren 1 Teelöffel Zitronensaft zufügen.

200 g Zucker und
1 Päckchen Vanillezucker einrieseln lassen.

60 g Grieß sowie
125 g gemahlene Mandeln vorsichtig einrühren.

Teighäufchen auf ein mit Back-Trennpapier ausgelegtes Backblech setzen.

Im vorgeheizten Backofen bei 175 Grad ca. 15 Minuten backen.

# MARZIPAN-MAKRONEN

Zutaten:
100 g Kokosraspel
2 Eiweiß
125 g Puderzucker
1 Päckchen Vanillezucker
200 g Marzipan-Rohmasse
1 Esslöffel Rosenwasser

Zubereitung:
Kokosraspel auf ein Backblech geben. Diese bei 100 Grad 20 Minuten trocknen lassen (Backofentüre nicht schließen). Nun das Eiweiß steif schlagen. Puderzucker, Vanillezucker sowie Marzipanstückchen in den Eischnee einrühren. Kokosraspel und Rosenwasser zufügen, alles gut vermengen.

Anschließend kleine Häufchen auf ein mit Back-Trennpapier ausgelegtes Backblech setzen. Im vorgeheizten Backofen bei 150 Grad ca. 30 Minuten backen. Die Makronen nach Belieben mit geschmolzener Kuvertüre verzieren.

# FEINE HASELNÜSSCHEN

Zutaten:

175 g Butter
150 g Zucker
1 Päckchen Vanillezucker
3 Eiweiß
125 g gemahlene Haselnüsse
250 g Mehl
1 Messerspitze Backpulver
1 Teelöffel Zimt

Zubereitung:

Butter schaumig schlagen. Nach und nach Zucker, Vanillezucker, Eiweiß dazugeben, gut mitrühren. Restliche Zutaten vermischen, löffelweise unter die cremige Masse rühren. Nun Teighäufchen auf ein mit Back-Trennpapier ausgelegtes Backblech spritzen.

Im vorgeheizten Backofen bei 200 Grad ca. 10 Minuten backen. Nach Belieben die Plätzchen mit der im Wasserbad geschmolzenen Haselnussglasur überziehen und jeweils in die Mitte eine Haselnuss setzen.

# HONIGKUCHEN

Zutaten:

150 g Butter
200 g Honig
50 g Zucker
2 Eier
200 g grob gehackte Haselnüsse
300 g Mehl
1 Päckchen Backpulver
2 Esslöffel Kakao
1 Teelöffel Zimt
1 Messerspitze Nelken
2 Teelöffel Lebkuchengewürz

Zubereitung:

Butter schaumig schlagen. Nach und nach Honig, Zucker, Eier zufügen, gut mitrühren. Danach die Haselnüsse untermengen. Restliche Zutaten vermischen, löffelweise in die Teigmasse einrühren. Den Teig in eine gefettete Kastenform füllen. Im vorgeheizten Backofen bei 180 Grad ca. 50 Minuten backen. Den ausgekühlten Kuchen mit Puderzucker bestäuben.

# WINTER-STOLLEN

Zutaten:

175 g Butter
200 g Zucker
1 Päckchen Vanillezucker
2 Eier
250 g Quark
500 g Mehl
1 Päckchen Backpulver
125 g gemahlene Mandeln
1/2 Päckchen Christstollen-Gewürz
Saft einer halben Zitrone
250 g Rosinen
40 g Zitronat
40 g Orangeat
50 g zerlassene Butter

Zubereitung:

Die Butter schaumig schlagen. Abwechselnd Zucker, Vanillezucker, Eier zufügen, cremig rühren. Nacheinander Quark, Mehl mit Backpulver vermischt, Mandeln, Christstollen-Gewürz, Zitronensaft, Rosinen, Zitronat und Orangeat zufügen, alles zu einem glatten Teig kneten. Diesen in eine gefettete Stollenform geben und auf ein gefettetes Backblech stürzen. Im vorgeheizten Backofen bei 180 Grad 1 Stunde backen. Die Stollenform abnehmen, in weiteren ca. 15 Minuten fertig backen. Den heißen Stollen mit zerlassener Butter bestreichen und Puderzucker darüber stäuben.

## SCHNEE-ÄPFEL

Zutaten:
6 Äpfel
3 getrocknete Pflaumen
1 Esslöffel Rosinen
1 Esslöffel gemahlene Haselnüsse
1 Teelöffel Zimt
1 Esslöffel Honig
1 Esslöffel Sahne
einige Butterflöckchen
1 Eiweiß
50 g Zucker

Zubereitung:
Aus jedem Apfel das Kerngehäuse herausstechen. Danach kleingeschnittene Pflaumen, Rosinen, Haselnüsse, Zimt, Honig, Sahne verrühren und die Äpfel damit füllen. Diese in eine gefettete Auflaufform setzen, Butterflöckchen über den Äpfeln verteilen.

Im vorgeheizten Backofen bei 180 Grad 30 Minuten backen. Eiweiß steif schlagen, die Hälfte des Zuckers langsam einrühren, den restlichen Zucker vorsichtig unterziehen. Anschließend die Schaummasse auf die Äpfel geben und bei 120 Grad etwa 1 Stunde trocknen lassen. Zu den Schnee-Äpfeln servieren die Zwerge gerne Vanille-Eis.

# BUNTE PLÄTZCHEN

Zutaten:
200 g Butter
180 g Zucker
1 Päckchen Vanillezucker
300 g Mehl
50 g Speisestärke
1 Teelöffel Backpulver
1 Eigelb
1 Esslöffel Sahne

verschiedene Ausstecherförmchen

Zubereitung:
Butter schaumig schlagen. Löffelweise Zucker sowie Vanillezucker zufügen, cremig rühren. Mehl, Speisestärke und Backpulver dazugeben, alles zu einem glatten Teig verarbeiten. Anschließend etwa 2 Stunden kaltstellen, danach auf einer bemehlten Arbeitsfläche auswellen.

Nun verschiedene Plätzchen ausstechen, diese auf ein mit Back-Trennpapier ausgelegtes Backblech setzen. Eigelb, Sahne verquirlen, die Plätzchen damit bestreichen und zum Schluß beliebig dekorieren. Im vorgeheizten Backofen bei 175 Grad ca. 15 Minuten backen.

# MARZIPAN-GELEE-PLÄTZCHEN

Zutaten:
250 g Mehl
80 g Zucker
1 Päckchen Vanillezucker
1 Ei
125 g Butter
400 g Marzipan-Rohmasse
6 Esslöffel Rosenwasser
3 Esslöffel Wasser
etwas Gelee

runde Ausstecherform

Zubereitung:
Mehl, Zucker, Vanillezucker, Ei, Butter zu einem Mürbteig verarbeiten. Nach dem Kaltstellen den Teig auf einer bemehlten Arbeitsfläche nicht zu dick auswellen, Plätzchen ausstechen. Diese auf ein mit Back-Trennpapier ausgelegtes Backblech setzen.

Danach den kleingeschnittenen Marzipan mit Rosenwasser und Wasser gut verrühren. Die Masse in einen Spritzbeutel füllen und auf jedes Plätzchen einen Kreis spritzen. Im vorgeheizten Backofen bei 200 Grad ca. 15 Minuten backen. Zum Schluss das Gelee erhitzen und in die Mitte der ausgekühlten Plätzchen geben.

## ZWERGENKUCHEN VOM WEIHNACHTSMARKT

Zutaten:
250 g Butter
200 g Zucker
1 Päckchen Vanillezucker
6 Eier
300 g gemahlene Mandeln
50 g Mehl
1 Päckchen Backpulver
2 Esslöffel Kakao
1 Teelöffel Zimt
2 Becher süße Sahne
1 Päckchen Vanillezucker
2 Päckchen Sahnesteif
1/2 Glas Marmelade
Schokoraspel

Zubereitung:
Butter schaumig schlagen. Abwechselnd Zucker, Vanillezucker, Eier zufügen, cremig rühren. Mandeln, Mehl, Backpulver, Kakao, Zimt vermischen, zu der Schaummasse geben, alles gut verrühren. Nun den Teig in eine gefettete Springform füllen. Im vorgeheizten Backofen bei 180 Grad ca. 40 Minuten backen. Sahne, Vanillezucker, Sahnesteif schlagen, die Marmelade unterrühren, anschließend auf den erkalteten Kuchen streichen. Zum Schluß den Zwergenkuchen mit Schokoraspel bestreuen.

# HONIG-PLÄTZCHEN

Zutaten:

Teig:

125 g Honig
200 g Zucker
150 g Butter
50 g gemahlene Mandeln
450 g Mehl
1 Päckchen Backpulver
1 1/2 Teelöffel Lebkuchengewürz
1 Teelöffel Zimt
2 Esslöffel Milch

Glasur:

150 g Puderzucker
etwas Zitronensaft

Zubereitung:

Honig, Zucker, Butter in einem Topf erwärmen. Mandeln, Mehl, Backpulver, Lebkuchengewürz, Zimt, Milch vermischen, zu der Honig-Butter geben und alles zu einem glatten Teig verarbeiten, ca. 1 Stunde kaltstellen. Aus dem Teig Kugeln formen, diese etwas flachgedrückt auf ein mit Back-Trennpapier ausgelegtes Backblech setzen. Im vorgeheizten Backofen bei 175 Grad ca. 20 Minuten backen. Puderzucker und Zitronensaft verrühren, die Plätzchen damit bestreichen, nach Belieben Schoko- oder Zuckerstreusel darüber streuen.

# KÖSTLICHE LEBKUCHEN

Zutaten:
350 g Mehl
300 g Zucker
1 Päckchen Vanillezucker
200 g gemahlene Mandeln
1 Päckchen Lebkuchengewürz
1/2 Teelöffel Nelken
2 Teelöffel Zimt
1 Päckchen Backpulver
150 g Butter
2 Esslöffel Honig
250 ml Milch
4 Eier
1 Esslöffel Honig
etwas Wasser

Zubereitung:
Mehl, Zucker, Vanillezucker, Mandeln, Lebkuchengewürz, Nelken, Zimt, Backpulver vermischen. Nun Butter und Honig schmelzen lassen, Milch sowie nacheinander die Eier einrühren, anschließend zum Mehl-Mandelgemisch geben, alles gut verrühren.

Den Teig auf ein gefettetes Backblech gießen. Im vorgeheizten Backofen bei 200 Grad etwa 20 Minuten backen. Währenddessen Honig und Wasser unter Rühren leicht erwärmen, über die noch heiße Teigplatte streichen, etwas abgekühlt in Quadrate schneiden. Die Lebkuchen nach Belieben mit abgezogenen Mandeln verzieren.

# ZWERGEN-WEIHNACHTSSTOLLEN

Zutaten:
500 g Mehl
1 Würfel Hefe
150 g Zucker
1/4 l Milch
150 g Butter
100 g gemahlene Mandeln
1 Teelöffel Zimt
3/4 Päckchen Christstollengewürz
180 g Rosinen
30 g Orangeat
30 g Zitronat
50 g zerlassene Butter

Zubereitung:
Das Mehl in eine Schüssel sieben. In die Mitte eine Mulde drücken, Hefe hinein bröckeln, etwas Zucker darüber streuen. Hefe und Zucker mit etwas lauwarmer Milch glatt rühren, mit Mehl bestäuben. Die Schüssel mit einem Geschirrtuch abdecken. Den Vorteig 15 Minuten gehen lassen. Danach restliche Milch, weiche Butter, Mandeln sowie Gewürze zufügen, alles zu einem glatten Teig kneten. Diesen so lange abschlagen bis er Blasen wirft, sich von der Schüssel löst und glänzt. Nun Rosinen, Orangeat, Zitronat einarbeiten, Mehl darüber stäuben, danach den Teig mit einem Tuch abdecken. Bei Zimmertemperatur etwa 1 Stunde gehen lassen (bis er sich verdoppelt hat). Nochmals durchkneten und in eine gefettete Stollenform geben. Diese auf ein gefettetes Backblech stürzen, weitere 30 Minuten gehen lassen. Den Stollen im vorgeheizten Backofen bei 180 Grad 1 Stunde backen. Die Stollenform abnehmen, in weiteren ca. 15 Minuten fertig backen. Den heißen Stollen mit zerlassener Butter bestreichen und anschließend Puderzucker darüber stäuben.

# NOUGAT-MANDEL-GEBÄCK

Zutaten:

Teig:

250 g Mehl

100 g gemahlene Mandeln

100 g Zucker

1 Päckchen Vanillezucker

1 Esslöffel Rosenwasser

200 g kleingeschnittenes Nussnougat

250 g Butter

100 g gehackte Mandeln

Zubereitung:

Mehl, Mandeln, Zucker, Vanillezucker, Rosenwasser, Nussnougat, Butter zu einem glatten Teig verarbeiten, etwa 1 Stunde kaltstellen. Den Teig auf einer bemehlten Arbeitsfläche zu Rollen von ca. 3 cm Ø formen, diese anschließend in den gehackten Mandeln wälzen. Die Rollen in $^1/_2$ cm dicke Scheiben schneiden und auf ein mit Back-Trennpapier ausgelegtes Backblech geben. Das Gebäck im vorgeheizten Backofen bei 175 Grad etwa 20 Minuten backen.

# Mürbteig-Zubereitung

## Zutaten:

Entsprechend den Angaben beim jeweiligen Rezept.

## Zubereitung:

Das Mehl auf eine Arbeitsfläche sieben. In die Mitte eine Vertiefung drücken, Zucker und Ei hinein geben, mit etwas Mehl verrühren. Auf den Mehlrand die kalte, kleingeschnittene Butter legen, alles zu einem glatten Teig kneten. Diesen zugedeckt etwa 1 Stunde bis zur Weiterverarbeitung in den Kühlschrank stellen.

INHALT Seite


PLÄTZCHEN:

Bunte Plätzchen 51
Feine Haselnüsschen 46
Feine Zwergenplätzchen 23
Feines Spritzgebäck 15
Grießplätzchen 44
Haferflöckchen 16
Honig-Plätzchen 54
Ingwer-Schoko-Gebäck 28
Ingwer-Schoko-Schnitten 29
Kirschkugeln 11
Kokoskugeln 37
Kokos-Nuss-Makronen 13
Kokos-Schnitten 18
Köstliche Lebkuchen 55
Kuvertüre-Stäbchen 25
Lebkuchen-Plätzchen 19
Mandelecken 34
Mandelgebäck 43
Mandelplätzchen 10
Marmeladegebäck 11
Marmelade-Kugeln 25
Marmelade-Plätzchen 40
Marzipan-Gelee-Plätzchen 52
Marzipan-Makronen 45
Marzipan-Schnitten 31
Nougat-Kekse 32
Nougat-Mandel-Gebäck 58
Nuss-Gebäck 8
Nuss-Knusperchen 17
Orangenplätzchen 12
Schokoladen-Würfel 30
Schoko-Makrönchen 42
Süße Zwergen-Brezeln 5
Zimtgebäck 22
Zitronengebäck 36
Zucker-Zimt-Plätzchen 31

KUCHEN:

Advents-Kuchen 26
Apfel-Marmelade-Kuchen 14
Festtags-Gugelhupf 7
Honigkuchen 47
Käsekuchen I 38
Käsekuchen II 39
Mandelkuchen 35
Winterbrot der Zwerge 24
Winter-Stollen 48
Zwergenkuchen vom Weihnachtsmarkt 53
Zwergenstübchens Advents-Quiche 20
Zwergen-Weihnachts-stollen 57

LECKEREIEN:

Früchte-Spießchen 7
Quark-Dip 7
Schnee-Äpfel 49

Mürbteig-Zubereitung 59

Verantwortlich: Elke und Timo Schuster
Illustration: Margret Hoss
Fotografie: Axel Waldecker



*Bibliografische Information der Deutschen Bibliothek*
Die Deutsche Bibliothek verzeichnet diese Publikation in der Deutschen Nationalbibliografie; detaillierte bibliografische Daten sind im Internet über http://dnb.ddb.de abrufbar.

2. Auflage 2024


Druck und Bindung: LEO Paper
ISBN 978-3-7806-2038-5

www.zwergenstuebchen-schuster.de